Pornografie in der Partnerschaft

Wenn Pornos die Liebe vergiften

Quelle: lichtmaler1974, pixelio

Impressum

Autor: Manuela Aberger

Boznerstraße 17
A-6380 St. Johann in Tirol

Herstellung und Verlag:

BoD-Books on Demand, Norderstedt

ISBN: 9783732243112

Inhalt

1. Vorwort

Dieses Buch befasst sich mit dem Reizwort Pornografie, welches in der heutigen Zeit vermehrt für Zündstoff sorgt und so manche Diskussion über Moral und Wertvorstellungen entfacht.

Nirgendwo wird wohl mehr über Pornografie geredet, gestritten und geschwiegen, wie in Beziehungen und Partnerschaften. Daher soll auch das Hauptaugenmerk dieses Buches auf die Pornografie in der Partnerschaft gerichtet sein. Welchen Part Pornografie in der eigenen Beziehung einnehmen darf und wie weit jeder geht, bis er an seine Grenze stößt, muss jedes Paar für sich selbst festlegen.

Dieses Buch möchte Ihnen eine Einführung in das Thema bieten und sich damit auseinandersetzen, warum Mann und Frau unterschiedliche Einstellungen gegenüber Pornografie haben. Bleibt zu hoffen, dass Sie nach diesen Zeilen nicht nur mehr über die Geschichte und Verbreitung von Pornografie Bescheid wissen, sondern dass Sie auch Ihren Partner besser verstehen und ihm verständnisvoll zur Seite stehen werden, wenn Pornografie in der Beziehung zum Problem geworden ist und er nach Auswegen aus seiner Sucht Ausschau hält.

2. Einführung und Definition

Was versteht man unter dem Begriff Pornografie? Darauf wird wahrscheinlich nicht nur jede Kultur, sondern auch jeder Einzelne etwas anderes antworten. Pornografie folgt unserer Lust wie ein Schatten. Sie wurde gefürchtet, verschwiegen, gehasst und verbannt und ist dennoch nach wie vor alltäglich. Wie lässt sich Pornografie nun definieren? Pornografie stellt die menschliche Sexualität beziehungsweise den menschlichen Akt an sich direkt dar. Das Ziel pornografischer Darstellungen besteht in der sexuellen Erregung des Konsumenten.

2.1. Pornografie und Erotik

Es besteht ein entscheidender Unterschied zwischen Erotik und Pornografie. Währenddessen bei erotischen Darstellungen sehr viel mit Verführung und Sinnlichkeit und damit mit zwischenmenschlichen Aspekten gearbeitet wird, reduziert sich die Pornografie selbst auf die Betonung der Geschlechtsteile und die Darstellung des Geschlechtsaktes. Gemeinhin lässt sich Pornografie also definieren in einer groben und drastischen Darstellung des Geschlechtsaktes, welche den Menschen zu einem Objekt seiner Begierde macht und den Sexualtrieb aufstachelt.

Quelle: Marcello66, pixelio

2.2. *Pornografie ist alltäglich*

Pornografische Inhalte begegnen uns heute beinahe alltäglich in Form von Fotos, Filmen und Tonträgern oder dem Internet. Die Darstellung der Pornografie im Einzelnen liegt im Auge des Betrachters. Auf jeden Fall ist Pornografie ein Begriff, der seit jeher für viel Diskussionsstoff sorgt - und das nicht nur in Partnerschaften, wo augenscheinlich unterschiedliche Meinungen zur Toleranz und Wertigkeit der Pornografie vorherrschen.

2.3. Pornografie im Spiegel der Zeit

Pornografie ist keine Erfindung der Neuzeit, sondern so alt wie die Menschheit selbst. In ihren unterschiedlichen Auslegungen zieht sie sich durch unsere Geschichte und hat sich mit ihr verändert und mehr oder weniger an sie angepasst. Die Medien haben die Pornografie in ihrer Gewalt und leben nicht schlecht davon. Pornografie ist jedem verständlich und allgemein zugänglich. Viele pornografische Inhalte bauen auf einer klassischen Standardsituation auf: Ein Mann begegnet einer unbekannten Frau und beide werden von den Wogen der Lust überspült und nehmen daraufhin unmittelbar sexuellen Kontakt in allen möglichen Variationen auf. Diese Darstellung ist pornografisch, obwohl sie keinerlei Gewaltsituation in sich birgt. Dennoch geht es allein um die Befriedung der eigenen Bedürfnisse. Gegenseitige Zuneigung oder gar Liebe sind keine pornografischen Aspekte. Pornografie lebt für den Augenblick. Somit ist sie austauschbar und kurzlebig.

2.4. Facetten der Pornografie

Nicht nur Paare treten bei pornografischen Darstellungen in Erscheinung, sondern auch sexuelle Gruppenhandlungen. Auch hier wird kein Zwang ausgeübt und die Paare begegnen sich aus eigenen Stücken. Die Personen wechseln ohne Vorbehalte ihre Sexualpartner. Die Situation verändert sich, wenn es um Pornografie mit Kindern oder Minderjährigen geht. Diese erfolgt immer unter Zwang. Diese Art von Pornografie ist gesetzlich verboten und dennoch nicht zuletzt durch die wachsende Bedeutung des Internets, weit verbreitet.

2.5. Gibt es eine positive Pornografie?

Nun drängt sich die Frage auf: Kann

Pornografie auch eine positive Wirkung mit sich bringen? Ja, sie kann. Unter Umständen kann sie sogar förderlich für die Partnerschaft sein, wenn man es denn versteht, die positiven Aspekte für sich zu nutzen. Pornografie kann den sexuellen Erfahrungsschatz erweitern, das eigene Lustempfinden steigern und dabei helfen, Hemmschwellen im sexuellen Bereich zu überwinden. In Partnerschaften kann Pornografie als Einleitung zum Geschlechtsverkehr ein Thema sein. Die Pornografie wird von den Männern meist mit voller Neugierde konsumiert. Frauen stehen dem Thema eher skeptisch gegenüber. So kann Pornografie eine Partnerschaft gefährden und im schlimmsten Falle sogar zerstören. Pornografie wird uns auch weiterhin begleiten. Wer lernt, damit umzugehen, wird einen neuen Zugang zur Lust erleben und mit ihm neue Aspekte von Liebe und Sexualität zulassen können.

3. Die Geschichte der Pornografie

Pornografie - so hart und negativ behaftet das Wort auch erscheint – beschreibt ein Kunstwort, dessen Ursprünge sich im Altgriechischen finden lassen. So ist Pornografie von "porne" - der Entsprechung für "Dirne"- und "graphein" – ein Ausdruck für Schreiben - abgeleitet. Allerdings haben die Griechen den Begriff nur ein einziges Mal in ihren antiken Schriften verwendet.

Quelle: Nelo1969, pixelio

3.1. Die Geburtsstunde der Pornografie

Den Begriff der modernen Pornografie prägte Karl Otfried Müller im Jahre 1830. Dieser förderte in Pompeji zahlreiche Ausgrabungen, die er für obszön hielt, zutage und suchte nach einer geeigneten Bezeichnung dafür. Müller veröffentlichte Mitte des 19. Jahrhunderts den Begriff in einem Werk in englischer Sprache. So fand die Pornografie den Weg in den englischen Wortschatz.

3.2. Erste pornografische Spuren

Pornografische Darstellungen allerdings reichen noch viel weiter zurück. Die Geschlechtsorgane rückten bereits die Wandbilder im alten Rom oder die Darstellungen auf Kunstobjekten im alten Griechenland in den Vordergrund. Im Laufe der Geschichte änderte sich die Vorstellung von Pornografie. Die Nutzung pornografischer Inhalte wurde mit dem Aufkommen neuer Medien weit verbreitet. So konnten im 19. Jahrhundert die ersten Fotos mit pornografischen Inhalten entwickelt werden. Bis diese in Deutschland legalisiert wurden, vergingen jedoch mehr als einhundert Jahre. Zu Beginn des 20. Jahrhunderts entstanden die ersten pornografischen Filme, welche in speziellen Kinos vorgeführt wurden. Einen Meilenstein für die Pornoindustrie brachte auch die Videokassette ins Rollen. Die Filme konnten nun nicht nur billiger produziert werden, sondern es erschloss sich auch ein neuer Markt, denn die Konsumenten konnten nun Videotheken besuchen und die Pornofilme weitgehend anonym im privaten Umfeld konsumieren.

3.3. Pornografie für alle

Die Pornografie ist heute längst der breiten Masse zugänglich gemacht worden und Pornostars wie Theresa Orlowski oder Dolly Buster schaffen sich ein neues Käuferklientel. Der stabilste und aktivste Markt für Pornografie ist das Internet. Dort bleibt dem Nutzer nicht nur die Rolle des Konsumenten vorbehalten, sondern er hat zudem die Möglichkeit, eigene Bilder und Filme pornografischen Inhaltes zu publizieren. Das Internet lässt die Pornografie mehr und mehr außer Kontrolle geraten. Die eigene Lust und Fantasie überflügeln sich selbst und enden nicht selten in Extremen, welche mit der ursprünglichen Definition der Pornografie nur noch wenig gemein haben. Für Paare bedeutet es eine große Herausforderung, ihre Toleranzschwelle hinsichtlich der Pornografie neu auszuloten, um die Lust nicht in Frust enden zu lassen.

4. Altersstruktur und Geschlechterverteilung

Hierbei mit genauen Zahlen zu arbeiten, ist schwer. Besonders im Hinblick auf die Altersstruktur ergeben sich Defizite. Dies ist darauf zurückzuführen, dass das Internet bereits Kindern die Möglichkeit gibt, sich mit pornografischen Inhalten im Netz auseinanderzusetzen, insofern die Seiten nicht speziell geschützt werden und von den Eltern nicht geeignete Maßnahmen des Schutzes und der Kontrolle erfolgen.

4.1. Pornografie und ihre Nutzer

Eine Studie aus dem Jahr 2006 spricht von 40 Millionen jährlichen Nutzern der Pornografie im Internet. Der Anteil der männlichen Nutzer ist dabei weit größer, als jener der weiblichen. Dies überrascht nicht. Mehr als 70 % der Internetnutzer sind laut dieser Studie Männer. Hier liegt wohl auch die Tatsache begründet, dass Paare sich mit der Auffassung und Akzeptanz von Pornografie so schwer tun. Dennoch bleibt Pornografie auch bei Frauen nicht außen vor. Etwa 20 % weibliche Nutzer besuchen gelegentlich Seiten mit pornografischem Inhalt.

Quelle: Rainer Sturm, pixelio

4.2. Was macht es Paaren so schwer, mit Pornografie umzugehen?

Zunächst einmal muss gesagt werden, dass Pornografie in der Partnerschaft niemanden völlig kalt lässt. Beide Geschlechter reagieren auf die Reize pornografischer Inhalte. Das Erregungsmuster von Männern und Frauen ist also vergleichbar und trotzdem eigentlich grundverschieden. Nachweislich zeigen Männer und Frauen bei der Konfrontation mit pornografischen Reizen Änderungen in Atmung, Herzschlag und Durchblutung der Genitalien. Der entscheidende Unterschied liegt jedoch in den unterschiedlichen Darstellungsarten. Frauen sehen Pornografie mit anderen Augen. Sie möchten sich in der Rolle der weiblichen Darstellerin wieder finden und in die Szene hineinversetzen können. Sie können nicht damit leben, zum austauschbaren Objekt der Lust dekretiert zu werden. Männer zeigen sich hierbei weniger anspruchsvoll und sind demnach für Pornografie weit empfänglicher.

4.3. Leichtes Spiel für Internetpornografie

Neue Medien erschließen sich Kindern und Jugendlichen häufig viel schneller als den Erwachsenen. So hilft der Enkel seiner Oma bereitwillig, den Computer einzurichten oder kann alle Funktionen des Handys benennen und erklären. Jugendliche kennen sich also aus und die Erwachsenen haben es oftmals schwer, mit ihnen Schritt zu halten. Somit ist ihnen auch der Zugang zur Pornografie gegeben. Hier muss leider davon ausgegangen werden, dass eine hohe Dunkelziffer besteht.

4.4.   Pornografie in Zahlen

Etwa ein Drittel aller Erwachsenen hat zumindest hin und wieder Kontakt zu pornografischen Inhalten. In Australien fand man in einer Studie heraus, dass bei 16- und 17- jährigen Teenagern 71 % der Jungen und 11 % der Mädchen bereits Zugang zu pornografischen Inhalten haben.

Auch die Angaben dieser Statistik über die Nutzung von Webseiten pornografischen Inhaltes basieren lediglich auf Schätzwerten.

Traffic-Statistiken Sämtliche Traffic-Statistiken basieren auf Schätzwerten. ⑦

	Region	Weltweit
Eindeutige Besucher (geschätzte Cookies) ⑦	10 Million	140 Million
Eindeutige Besucher (Nutzer) ⑦	5 Million	60 Million
Reichweite	7,4%	3,2%
Seiten-aufrufe	260 Million	2,3 Md.
Gesamtanzahl der Besuche	24 Million	270 Million
Durchschn. Besuche pro Cookie	2,4	1,8
Durchschn. Verweildauer auf Website	14:30	14:30

Altersstatistik

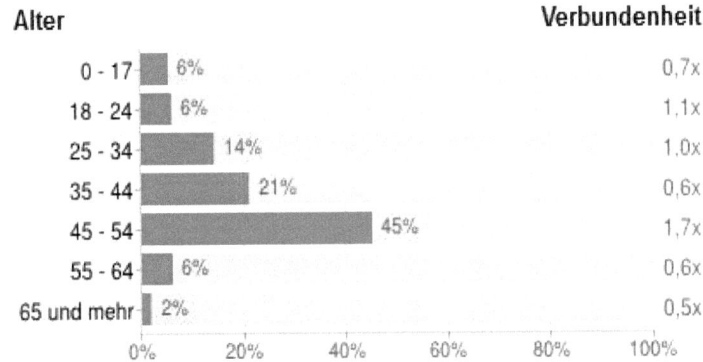

Nutzung pornografischer Inhalte nach Geschlechtern

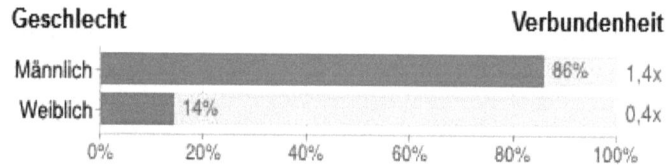

Quelle der Tabellen: Onlinemarketing.de

24

5. Verbreitung und Rechtslage

Pornografie ist in Form von Bildern, Schriften, Filmen, Tonträgern und Videos weit verbreitet. Dies war nicht immer so, denn in der Vergangenheit verbot dies die staatliche Zensur. Heute ist Pornografie nicht mehr verboten. Verbote greifen nur noch hinsichtlich des Jugendschutzes. An Personen unter 18 Jahre darf also offiziell keine Pornografie vertrieben werden. Wenn der Papa dem Sohn den Playboy überlässt, dann darf er dies und übt ein Erzieherprivileg aus. Wann ein Verbot beginnt und endet, entscheiden hier allein die Eltern. Damit Jugendliche offiziell nicht in Kontakt mit Pornografie geraten können, darf diese nur in Sexshops, in Videotheken für Erwachsene oder anderen Tabuzonen für Kinder und Jugendliche vertrieben werden.

5.1. Recht ist nicht gleich Recht

Sieht man sich die internationale Rechtslage an, stößt man auf Extreme. Entweder ist Pornografie grundsätzlich verboten oder nahezu uneingeschränkt legalisiert. Eine Ausnahme stellt das generell geltende Verbot von Kinderpornografie dar. Generell wird die Rechtslage in den einzelnen Ländern sehr unterschiedlich gehandhabt. Als besonders freizügig im Umgang mit pornografischen Inhalten gelten die skandinavischen Länder.

5.2. Deutsches Recht

Hierbei kommt das Fanny-Hill-Urteil zum Tragen, welches im Jahr 1969 gefällt wurde. Dabei hatte sich das Gericht mit der Frage zu beschäftigen, ob es sich bei der Schilderung des Geschlechtsaktes generell um pornografische Schriften handelt, welche nach § 184 des Strafgesetzbuches nicht verbreitet werden dürfen. Laut Urteilsverkündung ist eine Schrift dann nicht unzüchtig, wenn sie "nicht aufdringlich und anreißerisch ist und eine ernsthafte Gefahr für die Gemeinschaft darstellt". Laut Gesetz gelten Medien dann als pornografisch, wenn sie nur auf die Erregung eines sexuellen Reizes abzielen und somit den gesellschaftlichen Wertvorstellungen widersprechen. Pornografie ist für den Gesetzgeber also eindeutig obszön. Nach einer Definition des Düsseldorfer Oberlandesgerichts steht Pornografie für sexuelle Darstellungen, die den Menschen zu einem austauschbaren Objekt seiner geschlechtlichen Begierde machen. Währenddessen sich Kunst und Pornografie nicht strikt trennen lassen, gelten wissenschaftliche Abhandlungen niemals als pornografisch.

5.3. Rechtslage in Österreich

Auch in Österreich ist Pornografie nicht generell verboten. Das Pornografiegesetz des Landes untersagt lediglich "unzüchtige Pornografie". Als in diesem Sinne harte Pornografie gelten Darstellungen mit gewalttätigem Hintergrund, Sodomie und Kinderpornografie. Währenddessen die Herstellung, Verbreitung und Lagerung harter Pornografie zu gewerblichen Zwecken verboten ist, ist der Privatbesitz von harten Pornos nicht strafbar. Eine Ausnahme bildet auch hier die Kinderpornografie.

5.4. Schweizer Recht

In der Schweiz macht sich strafbar, wer minderjährigen Jugendlichen Pornos anbietet oder ihnen den Zugang hierzu ermöglicht und pornografische Inhalte verbreitet und aufführt, ohne sein Publikum auf den Charakter der Aufführung vorab hingewiesen zu haben. Das Schweizer Recht wurde im Jahr 2002 dahin gehend verschärft, dass sich auch jeder Bürger strafbar macht, der in Besitz von Gegenständen oder Vorführungen ist, die gewalttätigen Sex zum Inhalt haben. Dies betrifft nicht das Betrachten von einschlägigen Seiten im Internet. Erst durch das gezielte Abspeichern der Inhalte macht sich der Betroffene straffällig.

6. Geschäftsidee Pornografie

Viele suchen in der heutigen Zeit nach eine zündende Geschäftsidee. Es scheint immer schwieriger zu werden, eine passende Marktlücke zu finden, die bei den Verbrauchern ankommt und auch langfristig kommerziellen und finanziellen Erfolg garantiert. Die Geschäftemacher der Pornoindustrie haben diese Sorgen nicht - wahrscheinlich haben sie nie ähnliche Probleme gehabt. Ist Pornografie eine zündende Geschäftsidee mit Potenzial für Generationen?

Quelle: Gregor Grygo, pixelio

6.1. Porno hat Potenzial

Alles spricht dafür, denn der Umsatz ist in den letzten Jahren sprunghaft angestiegen. Pornoproduzenten wissen, was ihre Kunden wünschen und was sie dazu bringt, immer wieder nach Nachschub zu verlangen. Tausende Pornovideos überschwemmen jährlich den Markt. Zum Vergleich: Hollywood bringt es in dieser Zeitspanne gerade einmal auf einige Hundert Streifen. Das Internet hat der Pornografie den Weg geebnet und Zigtausende Webseiten können sich über einen Nutzermangel nicht beklagen.

6.2. Das Geschäft der Lügen

Worauf gründet sich der Ruhm der Pornoindustrie? Nicht etwa darauf, Paaren die Wahrheit über Sexualität beizubringen. Pornos sind nicht umsonst Verkaufsschlager. Sie ziehen die Konsumenten an und binden sie an sich. Pornos sind allein dazu gemacht, um sich zu verkaufen. Die Macher ziehen alle Register und bedienen sich dabei anstatt der Widerspieglung der Realität einem Lügenkostüm, welches sich in unser Gehirn einbrennt und nicht selten dazu führt, dass Beziehungen darunter leiden und sogar daran zerbrechen. Viele Männer können sich nicht mehr von Pornografie lösen, sie werden abhängig und investieren Unmengen an Zeit und Geld in die Traumfabrik Pornografie.

6.3. Schlechte Karten für Frauen

Die Pornoindustrie ist zum Großteil männlich und die Rolle der Frau dabei ein Desaster. Frauen werden als minderwertige Spielzeuge betrachtet - austauschbar und auf ihre Geschlechtsteile reduziert. Der Sex wird zum Spiel und die Frau zum Spielzeug. Männer werden dazu motiviert, die Frauen zu erobern und sie wie Trophäen zu behandeln. Gedanken und Gefühle werden ausgeblendet, es zählt allein der perfekte Körper. Es ist also kein Wunder, wenn Frauen nicht begeistert reagieren, wenn sich ihr Mann der Pornografie hingibt. Wer lässt sich schon gerne auf seine Geschlechtsteile reduzieren. Nicht selten wird bei Pornos der Eindruck erweckt, dass Frauen sich sträuben, um wenig später Spaß an der augenscheinlichen Vergewaltigung zu haben. Was hier als Show dargeboten wird, suggeriert dem Ehemann, dass Frauen Spaß daran haben, verletzt und erniedrigt zu werden. Das Geschäft geht auf und verdient an vielen zerstörten Leben, um Männer um eine Erfahrung reicher zu machen: Pornografie ist toll ..., oder?

6.4. Ein kleiner Ausblick mit großen Folgen

Auf uns wird noch Einiges zukommen. So schlug Professor Henner Ertel bereits vor fünf Jahren Alarm. Der Münchner Neuropsychologe stieß bei seinen Langzeitstudien zur Pornografie und deren Auswirkungen auf Beziehungen auf dramatische Entwicklungen. Unser Gehirn bahnt sich einen Weg durch die Porno-Flut und versucht diese zu verarbeiten. Sexualität wird zunehmend mit Gewalt in Verbindung gebracht. Dabei sind die Rollen klar verteilt. Die Männer werden zu Vergewaltigern und die Frauen zu Opfern. Das Gehirn sucht sich gegen die Bilder von Gewalt und Pornografie zu schützen und stumpft ab. Dies spiegelt sich in den Beziehungen wider. Gefühle und Einfühlungsvermögen bleiben auf der Strecke. Wie schaut die Zukunft aus? Steuert uns die Pornografie durch ihre Verherrlichung von Gewalt und Erniedrigung in eine Zeit ohne Herz und Mitgefühl?

7. Auswirkungen der Pornografie

Was gibt es gegen ein bisschen Pornoschauen schon einzuwenden? Nichts, doch die Grenzen werden schnell überschritten und viele Männer vergessen, dass Pornografie kein harmloser Streich der Lust, sondern ein Schlag ins Gesicht einer jeden Beziehung ist. Wissenschaftliche Studien zu den Auswirkungen der

Pornografie werden nur allzu gerne verharmlost, denn alles andere wäre nicht gut für das ewig blühende Geschäft der Pornoindustrie.

7.1. *Studien contra Schublade*

Die Wissenschaft scheint der Pornografie ein Dorn im Auge zu sein. Was Jennings Bryant und Dolf Zillmann herausfanden, kostete die US-Wissenschaftler Drohungen von der Porno-Mafia. Weitere Studien folgten und auch wenn diese allgemein nur wenig bekannt sind, leuchtet deren Aussage doch jedem vernünftig denkenden Menschen ein. Der Konsum von Pornografie fördert die sexuelle Aggression. In funktionierende Beziehungen können sich über Nacht Aggression und Gewalt einschleichen. Schläger und Vergewaltiger sind nicht selten Porno-Konsumenten. Selbst der treuste und netteste Familienvater wird sich mit

Fantasien auseinandersetzen müssen und sich insgeheim wünschen, diese auszuleben. Pornografie ist ein Virus, der auch die intakteste Beziehung vor eine gigantische Herausforderung stellen kann.

Quelle: geralt, pixelio

7.2. Ehen auf dem Prüfstand

Man hat sich ewige Liebe versprochen und war sich auch immer treu. Doch plötzlich scheint der Beziehung das nötige Feuer, der nötige Zündstoff für Leidenschaft und Lust abhandengekommen zu sein. Der Mann sitzt im Wohnzimmer und schaut Pornos. Gleichzeitig fühlt sich die Frau in ihrer Rolle unwohl, sie leidet und rebelliert. Der Siegeszug der Pornografie ging seit jeher zulasten des weiblichen Rollenbildes. Frauen wird die Selbstachtung geraubt. Sie werden ein Objekt der Lust, welches Sex zu jeder Tages- und Nachtzeit und in jeder Stellung genießt und dieses geradezu herbeisehnt. Kehrt der Mann jedoch in die Realität zurück, dann sieht diese ganz anders aus: Die Ehefrau ist müde nach einem langen Tag und ist bereits eingeschlafen, anstatt sich der Lust hinzugeben. Männer sind von ihrem Pornokonsum beflügelt und angestachelt.

Ihre Beziehung betrachten sie als langweilig. Ihr fehlt der nötige Kick. Diesen holen Sie sich fortan zunehmend in der Pornografie. Ein Weltmonopol hat sein Ziel erreicht, denn jeden Tag aufs Neue wird irgendwo in dieser Fantasiewelt nach dem Sinn des Lebens gesucht.

7.3. Schön sein

Die perfekten Körper räkeln sich auf der Leinwand. Die Bilder selbst sind meist retuschiert, sie verfehlen ihre Wirkung allerdings nicht. Der Mann marschiert mit seinen Idealvorstellungen von Weiblichkeit ins eigene Schlafzimmer und erlebt eine böse Überraschung. Die eigene Frau erscheint plötzlich unattraktiv und der Mann fokussiert sich vermehrt auf Äußerlichkeiten. Bei einem dauernden Pornokonsum prägt sich das weibliche Ideal in das Unterbewusstsein ein und es wird schwer, sich nicht zu intensiv auf Äußerlichkeiten zu fixieren, denn unser Gehirn schaut nicht weg.

8. Pornografie und Sexualität

Um psychisch gesund und stabil zu erscheinen, benötigen wir auch eine gesunde Einstellung zu unserer Sexualität. Pornos können hierzu allerdings keinen Beitrag leisten, da sie ein verzerrtes Bild der Sexualität schaffen. Was passiert in Pornos? Die Statisten haben Sex mit ihnen völlig fremden Personen. Es werden kaum Worte gewechselt und allein die sexuelle Befriedigung zählt. Sexualität wird zu einem Akt herabgestuft, welcher jederzeit an jedem Ort durchführbar ist und keinerlei Konsequenzen nach sich zieht.

8.1. Pornografie und Beziehungen

Pornografie lehrt uns, eine oberflächliche Sichtweise auf Beziehungen und Sexualität zu entwickeln. Im Grunde demonstriert sie auch, dass diese Art von Beziehungen nicht von Dauer ist. Denn die Protagonisten gehen nach dem Akt auseinander und sehen sich vermutlich nie wieder. Wer Pornos konsumiert, sollte nicht vergessen, dass eine Beziehung nicht auf kurzlebigem Sex, sondern auf Liebe und Vertrautheit aufbaut. Wenn Pornografie zur Sucht wird, dann passiert dies langsam und schleichend. Anfänglich bringt es Spaß und man ist begeistert bei der Sache. Nach und nach kostet die Sucht viel mehr Aufwand, Zeit und Geld. Wenn die Porno-Sucht erst einmal Macht über die Gedanken und Gefühle des Konsumenten übernommen hat, dann besteht nur noch wenig Chance für eine intakte Beziehung. Was Pornografie kosten kann, benennt der frühere Porno-Produzent Donny Pauling in einem Interview: "Pornografie hat mich meine Selbstachtung und meine wunderbare Ehefrau gekostet. Dieses Leben hat mich auch meinen Sohn gekostet, die wichtigste Person auf dieser Welt für mich…

8.2. Die Macht der Bilder

Die Lust am Sex wird durch die unterschiedlichsten Reize geweckt. Sie werden sexuell erregt, wenn Sie Sehen, Hören, Schmecken, Riechen, Fühlen. Pornografie lässt all diese Sinneseindrücke vermissen und liefert ausschließlich Bilder. Handelt es sich dabei um einen Film, dann kommen die entsprechenden Geräusche dazu. Auch wenn es sich "bloß" um Bilder handelt, wenn wir zusehen, werden wir am intensivsten mit Reizen überflutet. Der optische Reiz gelangt geradewegs in unser Gehirn und löst die gewünschte sexuelle Reaktion aus. Studien an der Uniklinik in Hamburg-Eppendorf haben gezeigt, dass auch das Hören seine Wirkung nicht verfehlt. Durch Tonfilme steigt die sexuelle Erregung um ein Vielfaches.

Quelle: dido-ob, pixelio

8.3. Scheinwelt Pornografie

Wer Pornografie konsumiert, muss auch lernen, mit ihr umzugehen. Damit Beziehungen nicht gefährdet werden, sollte Pornografie als das begriffen werden, was sie letztlich ist - eine Scheinwelt. Pornografie ist kein Abbild der Realität, welches sich ins heimische Schlafzimmer kopieren lässt, sondern diese Welt der Wolllust ist eine

Utopie. Die unbegrenzten sexuellen Möglichkeiten entsprechen nicht dem Alltag. Daher ist es notwendig, deren Inhalte von der Wirklichkeit abzukoppeln. Wer Pornografie mit realer Sexualität oder gar mit Gewalt gleichsetzt, setzt hiermit auch seine Beziehung aufs Spiel.

9. Falsche Ideale und die Rolle der Frau

Die meisten Pornos sind billig und fantasielos. Vorgespielte Ekstase, verrenkte Posen und schlecht belichtete Körperverrenkungen stehen im Zentrum. Wo liegt die Faszination der immer gleichen Szenen? Frauen lassen sich nicht nur benutzen, sondern auch aus unvorteilhaften Perspektiven filmen. Ein schlechter Lehrmeister, für wahr. Eine Studie unter österreichischen Jugendlichen hat gezeigt, dass die Hälfte aller Jungen sich anhand von Pornofilmen über Sexualität informieren. In ihren Köpfen machen sich also Bilder breit, welche mit der Realität nichts gemein haben. Von den Mädchen nutzen nur etwa 10 Prozent Pornos als Informationsquelle. Bei den weiblichen Teenagern stehen Gespräche mit Freundinnen und Mädchenzeitschriften an erster Stelle in

Hinsicht auf Aufklärungsmöglichkeiten.

9.1. Pornografie und wo man sie am wenigsten vermutet

Wir hatten bereits darüber gesprochen, dass man in puncto Altersstruktur und Geschlechterverteilung im Bezug auf die Pornografie mit einer hohen Dunkelziffer rechnen muss. Eine in den USA durchgeführte Studie verdeutlicht diese Aussage. Die meisten Internetnutzer, welche kostenpflichtige Pornoseiten im Internet besuchen, sitzen im weithin als konservativ geltenden Bundesstaat Utah. US-Bürger, welche sich auf konservative Werte, die Heirat und Familie betreffend berufen, sind 3,6-mal häufiger auf Pornoseiten im Netz unterwegs als Menschen, die sich nicht für diesen Slogan aussprechen. Die Konservativen zeigen sich also liberal im Umgang mit Pornografie. Bleibt zu hoffen, dass daraus folgt, dass man auch eine offene Diskussion über die Problematik führt und die Realität weiterhin von ihren ursprünglichen Werten lebt. Ansonsten wird wohl auch im konservativen Utah die Scheidungsrate steigen.

9.2. Pornos sind für Männer gemacht

Währenddessen er genüsslich auf der Couch lümmelt und sichtlich zufrieden ist mit dem, was ihm auf dem Bildschirm präsentiert wird, macht sich in weiblichen Porno-Zuschauern nicht selten ein seltsamer Widerspruch bemerkbar. Auch wenn der eine oder andere Körper vielleicht eine andere Sprache spricht, über das, was ihnen dort geboten wird, sie mögen es nicht, sie mögen nicht einmal hinschauen. Plötzlich tut sich eine Kluft zwischen Körper und Geist auf und es treten höchst verwirrende Emotionen zutage. Dabei liegt dieses Verhalten in der Natur einer jeden Frau und

Pornos sind nun einmal männlich. Frauen vermissen glaubwürdige Akteure und eine anspruchsvolle Handlung. Könnten Sie sich in die Akteure hineinversetzen, dann sähe vieles anders aus und dem gemeinsamen Pornoschauen wäre der Weg geebnet. Die Ursache, dass Männer und Frauen eben in vielen Dingen einfach nicht zusammenpassen, liegt im Gehirn begründet. Der amerikanische Neurologe Benjamin Hayden hat herausgefunden, dass bei Männern beim Anblick einer hübschen Frau im Gehirn Belohnungszentren aktiviert werden. Mann fühlt sich gut. Bei der Frau passiert beim Anblick eines attraktiven Mannes nichts dergleichen, zumindest nichts im Gehirn. Dies muss aber nicht heißen, dass sie nicht auch gerne hinschaut.

10. Pornos als Beziehungskiller

Nichts gegen Pornos als Freizeitvergnügen oder auch als sexuelle Stimulans - vorausgesetzt, beide Partner haben Spaß daran und eine gesunde Einstellung dazu. Allerdings scheint die Pornoindustrie darauf ausgelegt zu sein, dass eben dies nur sehr selten passiert. Viel häufiger hat der Konsum von pornografischen Inhalten negative Auswirkungen auf Beziehungen. Je intensiver der Pornokonsum des Mannes, desto geringer ist seine sexuelle Zufriedenheit. Er verliert sich in der vorgegaukelten Scheinwelt aus perfekten Körpern und unbändiger Ekstase. Projiziert er die verinnerlichten Bilder auf sein Privatleben, dann werden scheinbare Defizite deutlich. Frauen können nicht aus ihrer Haut und müssen tatenlos zusehen, wie sie den vermeintlichen Idealbildern nicht entsprechen. Dies schadet früher oder später dem Selbstwertgefühl und belastet jede Beziehung.

Quelle: Casyopaya, pixelio

10.1. Pornos verändern die Wahrnehmung

Mit dem Konsum von Pornos verändern Männer ihre Maßstäbe. Sie beginnen, ihre Partnerin buchstäblich in einem anderen Licht zu sehen. Wie sonst lassen sich die vermehrten Nachfragen nach Brustvergrößerungen oder Schamlippenverkleinerungen erklären. Frauen, die sich mit dem Porno-Konsum ihres Partners konfrontiert sehen, beschleicht das Gefühl, nicht mehr gut genug zu sein und den dort suggerierten Idealen nicht zu entsprechen. Doch nicht nur die Wahrnehmung, sondern auch die Sexualität wird von der Pornografie beeinflusst. Männer glauben oftmals, die in den Pornovideos gezeigten bizarren Spielchen ohne Erklärungsbedarf in ihre Beziehung übernehmen zu können. Frauen kennen ihre Partner dann häufig nicht mehr wieder und die Beziehung gerät ins Wanken.

10.2. Konfliktpotenzial Pornofilm

Der Konflikt, den der Konsum von Pornos mit sich bringt, ist schnell erklärt: Männer schöpfen visuell aus der ganzen Bandbreite sexueller Praktiken. Perfekte Körper winden sich in nie enden wollender Ekstase. Der Alltag im Schlafzimmer sieht jedoch anders aus. Dies wirft lange Schatten und die Unzufriedenheit wächst kontinuierlich. Wo doch das Leben anscheinend voller sexwilliger und perfekt gebauter Frauen ist, welche den Männern jeden Wunsch erfüllen, da wächst die Unzufriedenheit. Das Gefühl, zu kurz zu kommen und im Leben etwas zu verpassen, wächst. Frauen dagegen fühlen sich überfordert mit den Ansprüchen, die nun plötzlich an sie gestellt werden. Die Rolle, als reines Sexobjekt dekretiert zu werden, steht und bekommt ihnen nicht.

10.3. Hilfe Porno, was tun?

Gegen zu viel Porno hilft nur die Notbremse. Um eine Beziehung wieder zu kitten, ist eine "Porno-Abstinenz" angesagt. Doch dies ist leichter gesagt, als getan. Ist die Pornosucht schon so weit fortgeschritten, dass der Mann nur darauf wartet, bis die Frau eingeschlafen ist und sich dann heimlich an den Computer schleicht oder sich im Restaurant am Tisch kurz entschuldigt, nur um auf der Toilette sein iPhone zu nehmen und sich bei einem Porno zu befriedigen, dann ist Eile geboten.

Diese Beispiele sind nicht etwa aus der Luft gegriffen, sondern stammen aus der Praxis.

Hier sollte die Frau einlenken und vielleicht auf einen kontrollierten, gemeinsamen Konsum etwas anspruchsvollerer Sexfilme bestehen oder das Paar weicht auf erotische Bücher aus. Konkrete Beispiele für erotische Literatur oder Filme für Paare werde ich noch nennen. Die radikale Porno-Abstinenz gestaltet sich insbesondere in langjährigen Beziehungen, in denen das Sexualleben nur noch eine untergeordnete Rolle spielt, schwierig. Die Jugend tut sich hierbei weit einfacher und zieht häufig nach einem teils exzessiven Pornokonsum noch rechtzeitig die Reißleine. Oftmals wird beim Loskommen von Pornografie auch ein Partnerwechsel in Kauf genommen.

11. Pornografie und deren Einfluss auf den Mann

Was macht Pornografie mit den Männern? Oder was lässt das starke Geschlecht mit sich machen? Es ist nicht der reine Unterhaltungswert, der Pornos ausmacht. Die kleinen Filmchen, auch wenn sie noch so harmlos erscheinen, gehen weit tiefer. Genauer gesagt bahnen sie sich geradewegs den Weg in das männliche Gehirn. Vom Belohnungssystem war bereits die Rede, doch in unseren grauen Zellen spielt sich noch viel mehr ab. Vergessen wir nicht: Pornoschauen ist schon bald kein Hobby mehr, sondern eine Sucht.

11.1. Warum Pornos abhängig machen

Ähnlich wie beim Kokain-Konsum oder dem Glücksspiel-Rausch steigt auch beim Porno-Konsum die Konzentration des Hormons

Dopamin im Gehirn an. Die Stimmung steigt und der Porno-Konsument schwebt auf Wolke Sieben. Dieser Höhenflug hält maximal zwei Stunden an. Dann katapultiert das Gehirn den Mann wieder zurück in die Realität. Doch dort findet Mann sich plötzlich nicht mehr zurecht. Er reagiert mit Angst und Gereiztheit - der nächste Kick muss her. Während der Abhängige immer mehr Drogen benötigt und der Spielsüchtige sein ganzes Vermögen für Black Jack und Roulette opfert, konsumiert der Pornosüchtige mehr und mehr pornografische Inhalte und gefährdet damit nicht zuletzt seine Beziehung.

Quelle: Rainer Sturm, pixelio

11.2. *Jeder tut es...*

Der beste Beweis hierfür ist eine Studie über die Auswirkungen von Pornografie am Beispiel von jungen Männern, welche Wissenschafter an der Universität von Montreal durchführen wollten. Hierfür sollten ganz klassisch Männer, die Pornos schauen mit jenen Männern verglichen werden, die noch nie mit Pornografie in Kontakt kamen. Warum wohl wurde nichts aus dieser Studie? Richtig - es gab keinen einzigen jungen Mann, der noch nie Pornografie gesehen oder konsumiert hatte. Die Umfrage wurde letztlich doch noch durchgeführt, lässt allerdings eine entsprechende Transparenz vermissen. Die zwanzig ausgewählten Studenten gaben an, mit zehn Jahren erstmals Pornos geschaut zu haben. Die Wirkung war eher abstoßend und erst im Erwachsenenalter wandten sie sich erneut der Pornografie zu, wobei sie aber lediglich auf kostenfreie Inhalte zurückgriffen. Dabei veränderte die Pornografie weder die Sexualität der Probanden, noch erhöhte sich deren Aggressionspotenzial. Der für die Studie verantwortliche Wissenschaftler Simon Lajeuness war daraufhin überzeugt, dass der Einfluss der Pornografie überbewertet werde. Vielleicht sollte er die Studie in zwanzig Jahren wiederholen.

12. Warum schauen Männer Pornos?

Dieser Frage würden besonders viele Frauen nur allzu gerne auf den Grund gehen. Daher suchen viele von ihnen in einschlägigen Foren nach Antwort auf die folgenden Fragen: "Was geht nur in euren Köpfen vor, wenn Ihr Pornos schaut? Sollten wir Frauen uns bedroht fühlen? Wünscht ihr euch denn so was zu Hause?" Die Antworten der Männer bleiben nicht aus und gehen weit auseinander. Während es ein Nutzer kurz und knapp auf den Punkt bringt: "Schließlich gehe ich ja auch in die Kneipe, obwohl ich Bier auch zu Hause haben kann", sehen andere ihren Pornokonsum als eine Art Privileg der Gleichberechtigung: "Männer schauen Pornos und Frauen schauen Schnulzen. Wir bekommen auch keine Komplexe, wenn sich Brad Pitt entblößt. Männer sind viel chilliger und können Reales von nicht Realem unterscheiden. Nur Frauen müssen immer alles auf sich beziehen."

12.1. Pornografie im Spiegel

Die Pornografie lässt die Wissenschaft nicht los. So haben französische Hirnforscher die Ursache für die sexuelle Erregung der Männer beim Pornokonsum herausgefunden. Dafür verantwortlich sind sogenannte Spiegel-Neuronen. Diese Gehirnzellen sind aktiv, wenn sie durch den optischen Reiz der Filme und Bilder aktiviert werden. Auch wenn wir diese Bewegungen selbst ausführen, arbeiten die Spiegel-Neuronen auf Hochtouren. Wahrscheinlich sind sie auch für unser Denken, Sprechen und Fühlen verantwortlich. Dass die Spiegel-Neuronen Männern zu einer Erektion verhelfen, ist allerdings sicher. Den Studenten in Amiens wurden hierfür verschiedene Videos vorgeführt. Darunter waren nicht nur Hardcore-Pornos, sondern auch Comedy-Clips und Filme über Fischfang. Mit Magnetresonanztomografen wurde die Hirnaktivität der Teilnehmer überwacht. Da auch die Penisse der Probanden in Messgeräten steckten, war leicht feststellbar, dass die bei den Pornos zu erwartende Erektion in direktem Zusammenhang mit den Spiegel-Neuronen steht. Aber Achtung, die Gehirnzellen sind dem Penis voraus. Das Ergebnis dieser Studie ist im Detail im Wissenschaftsjournal "NeuroImage" nachzulesen.

Schauen wir uns nachfolgend genauer an, was sich in unserem Gehirn in Sachen Sex abspielt:

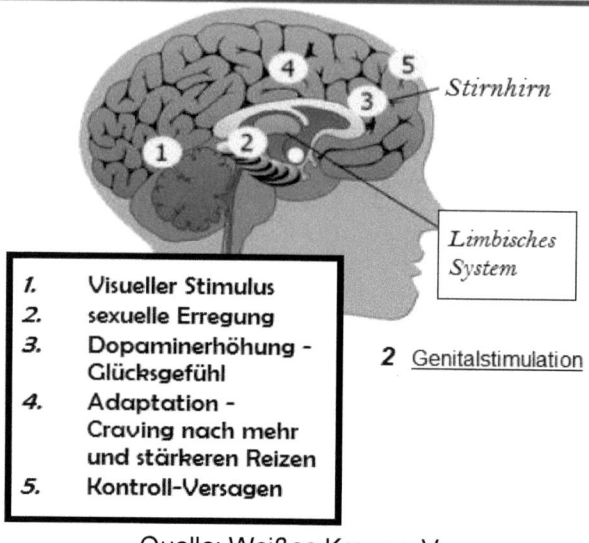

1. Visueller Stimulus
2. sexuelle Erregung
3. Dopaminerhöhung -
   Glücksgefühl
4. Adaptation -
   Craving nach mehr
   und stärkeren Reizen
5. Kontroll-Versagen

Stirnhirn

Limbisches System

2 Genitalstimulation

Quelle: Weißes Kreuz e.V.

Bis zu einem gewissen Punkt haben wir alles unter Kontrolle, doch sobald unser Gehirn die Regie übernimmt, dann steuert es uns geradewegs in die Abhängigkeit und Sucht. Schließlich haben wir es lange genug genau daraufhin trainiert.

12.2. Porno contra Liebesroman

Männer und Frauen - zwei Welten, zwei Ideale. Die Gedanken kreisen um verschiedene Gestirne und treffen irgendwo zwischen Liebesroman und Porno aufeinander. Es könnte alles viel einfacher sein und Beziehungen könnten wunderbar funktionieren, wenn man verstünde, dass keiner von beiden aus seiner Haut kann.

Quelle: Bernd Kasper, pixelio

Männer wollen Sieger sein, denn dann fühlen sie sich einfach besser. Grund hierfür ist der vermehrte Testosteron-Ausstoß. Für Männer sind Siege daher essenziell. Beobachten Sie einmal einen Mann beim

Sieg seines Fußballvereins und sie wissen, wovon hier die Rede ist. Wenn Männer verlieren, dann tun sie das also auch körperlich, denn sie büßen ihr berühmtes T-Hormon ein. Wie lässt sich der Testosteronspiegel schnell wieder ins Lot bringen? Richtig, durch Pornoschauen. Frauen ticken komplett anders und können dies nicht verstehen. Vielleicht hilft es, so manche Beziehung zu retten, wenn Frau die Fakten kennt. Warum wohl geht der Mann vor Feierabend nochmals an seinen Computer und besucht einschlägige Seiten oder warum trinkt er noch schnell ein Bierchen in einem Striptease-Lokal? Eigentlich doch nur, um genügend Testosteron für einen gemütlichen und kuscheligen Abend zu zweit intus zu haben.

13. Lebensinhalt Pornografie

Wer den Partner beim Pornoschauen ertappt, sollte nicht gleich aus der Haut fahren. Männer lieben es, sich virtuell erregen zu lassen. Frauen fühlen lieber und verstehen daher nicht, wenn sich ihr Mann hin und wieder beim Porno schauen Appetit holt. Solange weder die Sexualität noch die Beziehung darunter leiden, besteht kein Grund zur Sorge. Von Pornosucht spricht man dann, wenn das Ganze außer Kontrolle gerät und der Drang nach Pornos permanent besteht. Oftmals wird dann bereits der Anblick des Computers mit Pornografie verbunden und man ist täglich viele Stunden auf den einschlägigen Seiten unterwegs. Wenn Pornografie zum Lebensinhalt wird, dann hat sich der Drang nach Pornografie längst verselbstständigt und die Betroffenen sind keinesfalls mehr stolz darauf. Viele Männer leiden regelrecht darunter und verbergen ihre Sucht vor ihren Partnerinnen.

13.1. Pornosüchtig - eine Sackgasse

Man kennt Alkoholabhängigkeit, Drogenkonsum und Spielsucht. Aber Pornosucht? - Sie wird vielen Außenstehenden vielleicht gerade einmal ein müdes Lächeln entlocken. Wenn Prominente das Wort ergreifen, dann steht das Thema plötzlich im Fokus der Öffentlichkeit. So geschehen im Dschungelcamp 2013. Sänger Patrick Nuo bekundete: "Ich war so süchtig, dass ich bei den geilsten Frauen nichts mehr gespürt habe. Ich war so leer..." Von Vergnügen oder Lust ist hier längst keine Rede mehr. Pornosüchtige leiden und benötigen Hilfe. Wenn die Beziehung nicht daran zerbrechen soll, dann sind die Frauen am Zug.

Quelle: zyxwodrou, pixelio

13.2. Die Folgen einer Sucht

Bei einem Süchtigen leiden Körper, Geist und Seele. Konnte Mann es anfänglich noch verheimlichen, ist es nun längst zu spät dafür. Die Pornosucht ist in allen Lebensbereichen angekommen. Was man sich oftmals über Jahre hindurch gemeinsam aufgebaut und geschaffen hat, zählt plötzlich nichts mehr. Der Lebensinhalt scheint allein auf den Pornokonsum beschränkt zu sein. Hobbys, Interessen und gemeinsame Aktivitäten treten zunehmend in den Hintergrund. Der Betroffene verschließt sich und kapselt sich ab. Die Beziehung wird auf eine harte Probe gestellt. Der einst so liebevolle und aufmerksame Partner ist plötzlich nicht mehr wieder zu erkennen. Dies macht viele Frauen einfach nur betroffen und hilflos. Dabei sind sie häufig die einzige verbliebene Hilfe, um den Partner aus der Sucht und zurück ins Leben zu begleiten.

14. Warum leiden Frauen darunter?

Das gemeinsame Pornoschauen dürfte in Beziehungen eher die Ausnahme als die Regel darstellen. Warum kann ein Porno kein beglückendes gemeinsames Erlebnis darstellen? Weil Pornografie fast ausschließlich die männlichen Betrachter fokussiert und sich demnach auf Erektion, Penetration und Samenerguss konzentriert. Frauen finden sich als Sexobjekte wieder und fragen sich: Wo bleibe ich dabei?

14.1. Frauen wollen fühlen

Die weibliche Wahrnehmung wird in Pornofilmen in den Schatten gestellt. Frauen möchten sich in den gezeigten Inhalten wieder finden. Sie möchten nicht nur zuschauen und erregt werden, sondern nicht nur körperlich, sondern auch seelisch interagieren. Wie soll sich eine Frau erregen, wenn ihr als "Vorspiel" lesbische Gespielinnen serviert werden und sie auch im weiteren Verlauf des Pornos in die Augen gelangweilter Frauen blickt, deren Erregung, Lust oder Orgasmus völlig untergehen. Während sich Frau fragt, wie die Protagonisten ihrer Tätigkeit mit Spaß nachgehen können, sind Männer nicht dazu in der Lage, diese Gedanken nachzuvollziehen. Dass diese Frage berechtigt ist, beweist die Aussage einer ehemaligen Pornodarstellerin: "Viele glauben, dass Frauen Spaß daran haben, Pornos zu produzieren. In Wirklichkeit zerbrechen sie immer daran. Einige Frauen hassen es so sehr, dass man hören kann, wie sie sich in den Drehpausen auf der Toilette übergeben..."

14.2. Streitpunkt Pornografie

Pornos und Frauen werden keine Freunde. Wer überhaupt Pornos schaut, tut es nur dem Mann zuliebe. Doch die Pornoindustrie kann ohne Frauenanteil sehr gut leben und wird ihre Strategien auch nicht verändern. Einige wenige "Frauenpornos" sind in den letzten Jahren genauso schnell wieder verschwunden, wie sie einst aufgetaucht waren. Feministen sehen den Pornoboom als Reaktion auf die Emanzipation der Frau. Der erste Aufsehen erregende Porno wurde Anfang der 1970er Jahre ausgestrahlt. Frau war gerade dabei, ihre Sexualität zu entdecken. Da kam "Deep Throat" in die Kinos. Der Film wurde ein Kassenschlager und spielte sechs Millionen Dollar ein. Berühmtheiten wie Jackie Kennedy oder Jack Nicholson wurden an den Kinokassen gesichtet. Auf der Leinwand war eine freizügige Linda Lovelace dabei zu erleben, wie sie Oralsex mit verschiedenen Partnern genoss - oder doch nicht?

14.3. Die Pornolüge mit der Frau als Hauptdarstellerin

Wie es wirklich war, verriet Linda Boreman in ihren Memoiren zwanzig Jahre später. Lina wuchs wohlbehütet auf und verliebte sich mit zwanzig Jahren in Chuck Traynor. Mit dem Vietnam-Veteranen und Ex-Marine begann Lindas Abstieg in das Rotlicht-Milieu. Sie fand sich mit fünf Geschäftsmännern in einem Hotelzimmer wieder und verlor nicht nur ihre Unschuld, sondern auch ihre Illusionen. Sie wurde regelmäßig verprügelt und unter Pistolenzwang zum Geschlechtsverkehr mit Tieren gezwungen. Für den Film wurde ihr der Rachen mit einem Gartenschlauch geweitet. Nicht nur Frauen werden verstehen, dass diese Geschichte rege Proteste unter den Feministinnen auslöste - eine Kampagne, die eigentlich bis heute nicht verebbte.

14.4. Was bin ich noch für Dich?

Diese Frage steht stellvertretend für das oftmals nicht ausgesprochene Leid vieler Frauen. Wer sich die schlanken Schönheiten mit ihren großen Brüsten anschaut, bekommt früher oder später Minderwertigkeitsgefühle, insbesondere dann, wenn der Mann gar nicht mehr aufhören kann, diese immer gleichen Bilder geradezu zu verschlingen, währenddessen die Ehefrau über viele Stunden hinweg einfach ignoriert wird und sie sich dann am Abend vielleicht noch anhören muss, dass sie auch schon mal schlanker war und sie sich die Brüste vergrößern oder den Intimbereich komplett enthaaren soll.

Häufiger Pornokonsum schafft Bilder fernab der Realität. Gerade in Beziehungen ist es wichtig, dass Frauen ihre Grenzen kennen und diese auch dem Partner gegenüber deutlich machen.

14.5. Eine von vielen

Um das Leid der Frauen unter der Pornosucht ihres Mannes noch deutlicher zu machen, lassen wir eine Betroffene zu Wort kommen. Ilona Jacobs hat in ihrem Buch "Ich war eine von vielen" ihre Probleme und Gefühle offengelegt. Dabei dominiert das

Gefühl, plötzlich nicht mehr die "Eine", sondern nur noch eine von vielen zu sein. Dabei werden alle Werte einer Beziehung infrage gestellt und die Frauen fühlen sich "furchtbar und wie weggeschmissen". Die Autorin pflegte zu ihrem Mann zu sagen: "Ich bin Nummer 139, nicht Deine Nummer 1."

15. Macht Pornografie abhängig?

Männer kommen nicht mehr los von Pornografie. Sie suchen in den drastischen visuellen Bildern und Handlungsabläufen Erfüllung. Sie möchten ihre Sehnsüchte und Wünsche ausleben und ihren sexuellen Fantasien freien Lauf lassen. Doch der Kick ist nicht von Dauer und die Realität ist schnell wieder gegenwärtig. Hier geht es dem Pornokonsumenten nicht anders als dem Alkoholabhängigen oder dem Spielsüchtigen - und ja, Pornografie macht abhängig, ein Milliarden-Geschäft zielt darauf ab.

15.1. Sexsüchtig und emotional ausgelaugt

Man kann zwischen stoffgebundenen und stoffungebundenen Süchten unterscheiden. Der Pornokonsum wird klar als

stoffungebundene Sucht definiert. Aber so
ganz ohne Stoffe kommt man auch bei der
Pornosucht nicht aus. Beim
Geschlechtsverkehr schickt das Gehirn
Hormone und Eiweißstoffe in den
Blutkreislauf. Diese steigern die Erregung
und betäuben den Schmerz. Dieser Vorgang
wird auch bei einer gefühlten Erregung
ausgelöst - also bei einer Erregung, die der
Pornosüchtige Tag für Tag erlebt und ohne
die er irgendwann nicht mehr leben kann.
Viele Pornosüchtige waren bereits vor ihrer
Heirat süchtig und haben ihr ganz spezielles
"Betäubungsmittel" über viele Jahre hinweg
geheim gehalten. Gefühle von Einsamkeit
und innerer Leere sitzen tief und die
Ursachen reichen nicht selten bis in die frühe
Kindheit zurück.

Das Tragische am Teufelskreis der Sucht ist, dass genau diese Gefühle sich durch den Pornokonsum und die daraus resultierende Gefährdung der Beziehung noch weiter verstärken. Viele Männer leiden unter Schuld- und Schamgefühlen und würden gerne von ihrer Sucht lassen. Doch für viele ist es bereits zu spät und die Situation hat sich soweit zugespitzt, dass nur professionelle Therapie noch helfen kann.

15.2. Pornoabhängigkeit in Zahlen

Pornoabhängigkeit ist ein weitverbreitetes Phänomen mit deutlichen Zahlen und einer hohen Dunkelziffer. Eine Studie in den USA belegt, dass man in den Staaten von in etwa 16 Millionen sexabhängigen Menschen ausgehen muss. Ein Großteil davon ist pornosüchtig. Nur etwa 10 % der Befragten sind bereit, ihre Sucht auch öffentlich zu machen und damit vielleicht den ersten Stein ins Rollen zu treten, um davon loszukommen. Täglich kommen Tausende neue Pornoabhängige dazu. Ehen und Familien zerbrechen und Menschen geraten an das Limit ihrer Kräfte.

15.3. Beziehungsunfähig dank Porno

Auch wenn wir hier vorwiegend über die Auswirkungen von Pornografie auf Beziehungen sprechen, soll eine Tatsache nicht außer Acht gelassen werden. Pornografie vermag nicht nur, Ehen und Beziehungen zu ruinieren, sondern ist auch nicht selten der Grund dafür, dass eine Beziehung gar nicht erst zustande kommt. Wer sein Weltbild am stundenlangen Pornokonsum orientiert, wird sich in der Realität nicht mehr zurechtfinden. Viele Betroffene haben sich auch derart auf die virtuelle Welt der Orgasmen fixiert, dass ihnen das Verlangen nach Sexualität in der Realität zur Gänze abhandengekommen ist.

16. Kindesmissbrauch und Pornografie

In den letzten Jahren wurde vermehrt diskutiert, ob eine Legalisierung der Kinderpornografie die Fälle von Kindesmissbrauch reduzieren kann. Hierbei fiel besonders eine Studie der University of Hawaii ins Auge. Das Forscherteam um Milton Diamond hat sich mit den Daten über Gewaltverbrechen beschäftigt, welche ihm vom tschechischen Innenministerium zur Verfügung gestellt wurden und einen Zeitraum von mehr als 30 Jahren abdecken. Die Forscher verglichen die Zahlen vor und nach dem politischen Umbruch im Ostblock. Durchschnittlich wurden vor 1989 mehr Fälle von sexuellem Kindesmissbrauch zur Anzeige gebracht als danach. Nun könnte man davon ausgehen, dass das Verbot von Pornografie als Grund für die hohe Zahl an Missbrauchsfällen zu nennen ist. So wurde die These aufgestellt, dass potenzielle

Sexualstraftäter dazu in der Lage sind, durch den Pornokonsum ihre Neigungen zu unterdrücken und nicht straffällig zu werden.

16.1. Bedenkliche Gedanken

Der Gedanke, den Konsum von Kinderpornos zu legalisieren, um potenzielle Sexualstraftäter von ihrem Tun abzuhalten, schockiert. Die ethische Bedenklichkeit der Herstellung künstlicher Kinderpornos steht außer Frage. Weiterhin würde das Problem damit nicht aus der Welt geschafft, denn mehrheitlich handelt es sich nicht um augenscheinlich pädophile Täter, sondern die sexuellen Übergriffe auf Minderjährige entspringen Ersatzhandlungen. Viele Täter sind in ihrer Persönlichkeit schwer gestört, sexuell unerfahren und soziale Randfiguren. Ihre Bedürfnisse lassen sich nicht mit virtuellen Reizen befriedigen. Die größten Probleme tauchen auf, wenn der Missbrauch in den eigenen Familien auftritt. Die Problemlösung ist weit komplexer und tiefgründiger, allerdings nicht Thema dieses Buches.

16.2. *Eine kurze Historie der Tragödie Kindesmissbrauch*

Kindesmissbrauch hat es immer gegeben, auch wenn keine Worte dafür gefunden wurden. Noch vor vierzig Jahren sprach niemand darüber. Das Leiden der Opfer wurde negiert. Wem dies widerfuhr, der hatte Schweigen zu bewahren und war ja bestimmt auch selber schuld an seinem Schicksal.

Quelle: geralt, pixelio

Vor wenigen Jahren entbrannte die gesellschaftliche Debatte über den Kindesmissbrauch und es wurden Zahlen auf den Tisch gelegt. Danach wurden jedes vierte Mädchen und jeder zehnte Junge sexuell missbraucht. In den 1990er Jahren entbrannten heiße Debatten um das Tabuthema. Woody Allen geriet aufgrund des Missbrauchs seiner Adoptivtochter in den Fokus der Öffentlichkeit. Regisseur Roman Polanski wurde vor wenigen Jahren in der Schweiz festgenommen - verhaftet für ein Verbrechen, dass er 1977 in Hollywood beging. Damals hatte er ein 13- jähriges Mädchen vergewaltigt und vorher unter Drogen gesetzt. Dass unsere Gesellschaft durch die Legalisierung von Pornografie einen Schritt nach vorne getan hat, bleibt angesichts der jüngsten Zahlen über Kindesmissbrauch in Deutschland zu bezweifeln. Einem Bericht der UN zu Folge hat sich die Verbreitung von kinderpornografischen Fotos zwischen 2003 und 2007 vervierfacht. Vermutlich wurden für das Entstehen dieser Bilder 10.000 bis 100.000 Jungen und Mädchen missbraucht.

17. Ein bisschen Porno gibt es nicht

Was wir auch tun, die Grenzen sind fließend und daher gibt es nicht nur ein bisschen Alkoholismus oder ein bisschen Spielsucht. In den letzten Jahren wurden auch der Pornografie Tür und Tor geöffnet. Pornografie ist in Ummengen verfügbar und besonders durch den boomenden Internetmarkt jedem zugänglich. Die Notbremse zu ziehen, wenn es an der Zeit wäre - das schafft kaum jemand aus eigener Kraft. Ein bisschen Porno, davon konnte man vor dreißig Jahren noch sprechen, wenn die Jungs sich damit zufriedengaben, einen Blick in den Playboy von Papa zu werfen. Den Playboy in der Schreibtischschublade würden mit Sicherheit auch Beziehungen besser verkraften als ein Überangebot an Pornografie in allen Medien. Aber Zeiten ändern sich.

17.1. Wann ist Pornoschauen normal?

In Bezugnahme auf den Gegenstand unserer Betrachtungen ist Pornoschauen ganz klar dann normal, wenn die Beziehung nicht darunter leidet. Frauen sollten nicht in Torschlusspanik verfallen. Es hat noch keinem Mann geschadet, sich ab und an einen Pornofilm anzuschauen. Da jeder Mensch seine eigenen Moralvorstellungen hat, kann nicht pauschal eine Grenze zwischen Pornokonsum und Pornosucht gezogen werden. Wenn der Mann bemerkt, dass sein Pornokonsum sich selbst und gleichzeitig auch seiner Beziehung schadet und dennoch nicht damit aufhören kann und wenn die Frau beginnt, stumm zu leiden oder laut zu rebellieren, dann ist die Grenze ganz klar überschritten und es kann von einer Pornosucht ausgegangen werden.

17.2. Leichtes Spiel mit nackten Tatsachen

Der Pornokonsum nimmt tagtäglich zu und ein Ende ist nicht abzusehen, denn besonders das Online-Pornogeschäft hat zahlreiche Internet-Millionäre hervorgebracht. Es war nie leichter als heute, einfachen, billigen und anonymen Zugang auf pornografische Inhalte zu bekommen. Allein in Deutschland geht man von mehr als 300.000 Online-Pornografieabhängigen aus - Tendenz steigend.

Quelle: geralt, pixelio

Genau in dieser Sekunde schauen sich auf der Erde 28 Millionen Menschen Webseiten mit pornografischen Inhalten an. Ehemänner nutzen den PC am Arbeitsplatz oder ihr Handy. Pornos findet man einfach von überall aus und aus diesem Grund bleibt die Pornosucht auch so lange unentdeckt. Zuhause wird schließlich oft nur ein bisschen Porno geschaut, was gibt es dagegen einzuwenden?

17.3. Pornos haben kein Ende

Lässt man die Süchtigen selbst zu Wort kommen, dann wird das Ausmaß der verkannten Katastrophe deutlich. Im Forum "Onlinesucht" hat es ein Abhängiger auf den Punkt gebracht: "Der Pornokonsum hat einen Anfang, aber kein Ende". Dabei unterscheiden sich die dort geposteten Beiträge kaum von den Erfahrungen, Nöten und Ängsten von Alkohol- oder Drogensüchtigen. Man liest dort von einem harten Kampf, den die Betroffenen mit sich selbst ausfechten und von Lügen und Ausreden sowie von zerstörten Beziehungen. Wer mit entblößten Genitalien am Rechner statt im Ehebett zu finden ist, wird in Erklärungsnot geraten und gerade dies ist für viele Männer ein großes Problem. Wie sollen sie ihren Frauen erklären, dass ihnen der erotische Kick weit wichtiger geworden ist, als die Pflichten und Werte ihrer Beziehung? Wer sich von einer

Maschine befriedigen lässt, der muss nicht nachdenken und sich auch nicht rechtfertigen. Zumindest so lange nicht, bis das Lügengerüst einstürzt und Mann sich eingestehen muss, dass es nicht bei ein bisschen Porno geblieben ist.

18. Pornografie auf der Leinwand

Sich einfach zurücklehnen, in das weiche Polster kuscheln und sich von den Akteuren auf der Leinwand inspirieren und verführen lassen - vorab musste man dafür allerdings oft stundenlang an der Kinokasse ausharren. Vom Kino kamen die Pornofilme ins Fernsehen und schließlich sogar in die heimischen Wohnzimmer. Bequemer konnte es nicht sein, und seit es Videos und DVDs gibt, kann man sich rund um die Uhr mit Sex in allen Variationen umgeben und dies mit allen vorab genannten Risiken und Konsequenzen.

18.1. Als die Bilder laufen lernten

Es ist kaum zu glauben, aber der Pornofilm erhitzt die Gemüter seit mehr als einem Jahrhundert. Im Film "Facts" verliert ein Soldat in einer Kneipe seine Hemmungen -

allerdings buchstäblich noch ohne Worte, aber diese hat der Pornofilm ja eigentlich nie wirklich entbehrt. Die frühesten Pornos sind in der amerikanischen Kinsey-Colletion erhalten geblieben. Auch die Deutschen blieben nicht untätig. Im Jahre 1910 erschien das Filmchen "Am Abend". Zehn Minuten mussten genügen, um eine Frau im Schlafzimmer beim Masturbieren zu zeigen und sie anschließend mit Partner beim Sex abzubilden. Auch in der Kinsey-Collection in Bloomington kann man nur noch auf wenig aussagekräftiges Material zurückgreifen. Es ist anzunehmen, dass etwa 80 % aller pornografischen Stummfilmproduktionen in der Geschichte verborgen bleiben werden.

18.2. Verbote und Verlangen

In den 1940er Jahren waren Pornofilme verboten. Damals schlug die Geburtsstunde der "blue films". Diese aufwändigen

Produktionen entstanden im Untergrund und wurden von Amateuren in den eigenen Vier Wänden gedreht. Obwohl die Verbreitung mit Gefängnisstrafen geahndet wurde, kursierten die Filme und fanden über private und reisende Händler ihr Publikum.

Quelle. Friese 1962, pixelio

In der Nachkriegszeit wurden die Amateurfilme durch die Einführung des 8-mm-Films weiter verbreitet und als

Marktlücke erkannt. Nachdem die Pornografie 1969 in den Niederlanden legalisiert wurde, überschwemmten kommerziell produzierte Pornos den Markt. Im übrigen Europa wurde die holländische Massenware "unter dem Ladentisch" an den Mann gebracht oder in nur für Mitglieder zugänglichen einschlägigen Kinos gezeigt.

18.3. Pornografie als Massenprodukt

In den 1970er Jahren entstanden in den USA zahlreiche Pornofilme. Als erster Pornofilm dieser Ära gilt "Mona the virgin nymph" aus dem Jahre 1970. Ein Jahr später entstand mit "Boys in the sand" der erste homosexuelle Film pornografischen Inhaltes, gefolgt vom bereits genannten Streifen "Deep Throat" oder "Behind the green door". Viele sagten damals dem Pornofilm einen nie enden wollenden Boom voraus, doch es kam anders. Der eigentliche Porno ging im filmischen Mainstream unter und taucht hin und wieder in unterschiedlichster Nuance und Ausprägung wieder auf, allerdings kommerziell selten als eigenes Subgenre. Die Pornoindustrie nutzt ihre eigenen Vertriebskanäle und lässt Zahlen sprechen. Ende der 1980er Jahre liehen sich die Deutschen etwa 500.000 Pornovideo aus. Zehn Jahre später ging man von 80 Millionen entliehenen Medien mit pornografischem Inhalt aus. Über tausend neue Pornos erschienen im Jahre 2006 in Deutschland in einem Monat. Deutschland ist der zweitgrößte Markt für Pornografie weltweit. Den Spitzenplatz hat die USA inne.

18.4. Pornos für Beide

Gemeinsam Pornos schauen, warum eigentlich nicht. Doch um die unterschiedlichen Ansichten und Beweggründe von Mann und Frau unter einen Hut zu bringen, wird ein kleiner Kompromiss nötig sein. Wie wir schon besprochen haben, legt der Mann wenig Wert auf Anspruch. Die Frau dagegen erwartet von einem guten Porno auch glaubwürdige Darsteller und einen komplexen Handlungsablauf. Diese Filme gibt es nicht? Doch und wer sich ihrer bedient, wird sich der visuellen Lust gemeinsam hingeben können. An alle Frauen: Nur Mut, probiert es aus, hier kommt auch ihr zu euerem Recht und die bessere Hälfte flüchtet nicht am Abend heimlich vor den PC.

Quelle: twinlili, pixelio

Wer zu Filmen von Petra Joy greift, kann nichts verkehrt machen. Diese Pornos wurden auch für Frauen gemacht! Die Frau wird hier nicht zum Lustobjekt dekretiert, sondern hält die Fäden selbst in der Hand, da kann Mann noch etwas lernen. Auch in Schweden wissen Frauen, wie man Sex wunderbar in Szene setzt und eine knisternde Atmosphäre erzeugt. "Cabaret Desire" von Erika Lust wurde bereits mehrfach prämiert und ist ein tolles und prickelndes Erlebnis für Paare.

Für einen gelungenen DVD-Abend zu zweit

sind auch folgende Filme geeignet:

- 9 Songs von Michael Winterbottom
- Lie with me - Liebe mich von Clément Virgo
- En la cama von Matias Bize
- Shortbus von John Cameron Mitchell
- All abtut Anna von Jessica Nilsson

18.5. Pornografie im Bücherregal

Erotisches wurde bereits niedergeschrieben, bevor die Bilder laufen lernten. Pornografie in Büchern ist auf den ersten Blick weniger provozierend, ausgenommen einschlägige Sexzeitschriften. Wer den Pornokonsum in der Beziehung auf das Lesen beschränkt, wird weniger anecken, denn auch Frau ist nicht abgeneigt, erotische Bücher zu lesen, ja, geradezu zu verschlingen. Bücher bieten Frauen den nötigen Raum, um nicht allein nackte Tatsachen sprechen zu lassen, sondern Phantasien und Träume zu wecken, ganz wie es Frau gefällt.

Quelle: Wandersmann, pixelio

Auch wenn es sich nicht immer um durchweg jugendfreie Schriften handelt, ein gutes erotisches Buch dient nicht allein dem Lustzweck und kommt nicht ohne Leidenschaft und Sinnlichkeit aus. Während ein Pornofilm eine klare Sprache spricht, ermöglicht das Geschriebene eine sensiblere Betrachtungsweise. Jeder Leser taucht soweit in die Geschichte ein, wie ihm lieb ist. Wer Pornografie mit Anspruch sucht, der greift zum Buch.

18.6. Pornos von Gestern

Sie besitzen keine Pornoliteratur? Dann schauen Sie noch mal ganz genau nach. Ein Buch steht in vielen Regalen und hat bereits vielen Paaren zu mehr Lebens- und Liebeskunst verholfen. Die Rede ist vom Kamasutra. Richard Francis Burton übersetzte das Werk im Jahre 1884 aus dem Sanskrit ins Englische. Dann muss das Buch noch viel älter sein? Richtig! Dass es allerdings bereits vor Christi Geburt niedergeschrieben wurde, werden die wenigsten vermuten. Im Kamasutra zu blättern, kann Paaren nur empfohlen werden. Sie erwartet eine gehörige Portion Sinnlichkeit.

Giovanni Boccaccio zeichnet im 1353 verfassten Decameron das Leben im Italien der Frührenaissance nach. Die Geschichten der jungen Menschen, die in einem Landhaus zusammenkommen und vor der Pest flohen, werden erstaunlich freizügig und offen geschildert und natürlich geht es dabei um Sex, beinahe auf jeder der 700 Seiten. Noch heute hat das Werk einen Spitzenplatz in der erotischen Weltliteratur inne. Beinahe jedem Erwachsenen wird Fanny Hill ein Begriff sein. Der Briefroman entstand im Jahre 1748 in einem Londoner Gefängnis und gilt als erster erotischer Roman der Neuzeit.

18.9. Pornos von Heute

Dass ein Buch mit dem bezeichnenden Titel "Feuchtgebiete" Millionenauflagen erzielen würde, ließ sich nicht ahnen. Oder doch? Vielleicht ist es gerade das, was den Pornokonsumenten den Zugang zur Literatur öffnet, der offene Umgang mit Sex und allem was dazugehört. Autorin Charlotte Roche veröffentlichte den Erfolgsroman über ein junges Mädchen und dessen Sex- und Hygienepraktiken im Jahre 2008. Nun kam "Schoßgebete" auf den Markt. Thematisiert wird ein Tabu, nämlich der Sex in der Ehe. Die Lektüre ist also für Paare wie geschaffen.

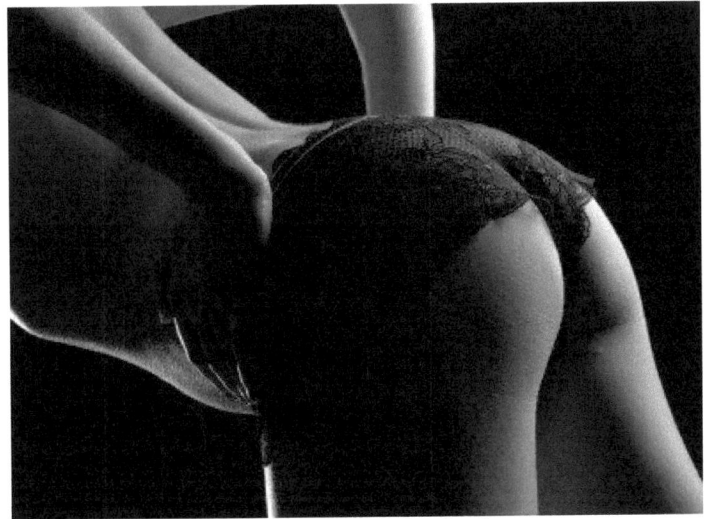

Quelle: schuster123456, pixelio

"Dann werde ich dich jetzt von hinten nehmen", erklärte er und packt mit der Hand meine Haare im Nacken. Er zieht daran, sodass ich meinen Kopf nicht bewegen kann." Mit diesen Worten beginnt kein ausschließlich für Männer gemachter Hardcore-Porno, sondern ein Erfolgsroman, der vorwiegend Frauen in seinen Bann zieht.

Was ist so besonders an der Trilogie "Shades of Grey", einem Buch, was die Gemüter bewegt wie kaum ein erotischer Roman zuvor? Was passiert in der von einer in London lebenden Schottin geschriebenen Story? Es geht um Sex. Es geht um Unterwerfung und um die Vermischung beider Aspekte vor dem Hintergrund einer perfekt inszenierten Story. Natürlich gemacht für Frauen, mit Anspruch und starken Charakteren. Sind Frauen doch emanzipierter als gedacht? In Nordamerika wurden bereits 15 Millionen Exemplare verkauft. In Großbritannien musste sich Quotenkönig Harry Potter Shades of Grey geschlagen geben. Wer in Deutschland von der Lust mitgerissen werden will, sollte das Buch in Englisch lesen. Die Übertragung ins Deutsche nimmt der Story ihren Pep und der Heldin Ana ihre Entschlossenheit.

19. Pornografie im Netz

Da dieses Thema bereits hinreichend behandelt wurde, möchte ich es hier nur nochmals der Vollständigkeit halber erwähnen. Das Internet hat der Pornografie zu einem Siegeszug verholfen. Das Internet macht es vielen Pornosüchtigen leicht, sich täglich mit dem nötigen Stoff zu versorgen. Dabei bleiben die Nutzer anonym und nirgendwo gibt es erotische Bilder und Filme so preiswert wie im Netz, vorausgesetzt, Mann schafft es, sich auf kostenfreie Inhalte zu beschränken, sonst leidet nicht nur die Ehefrau, sondern auch die Haushaltkasse.

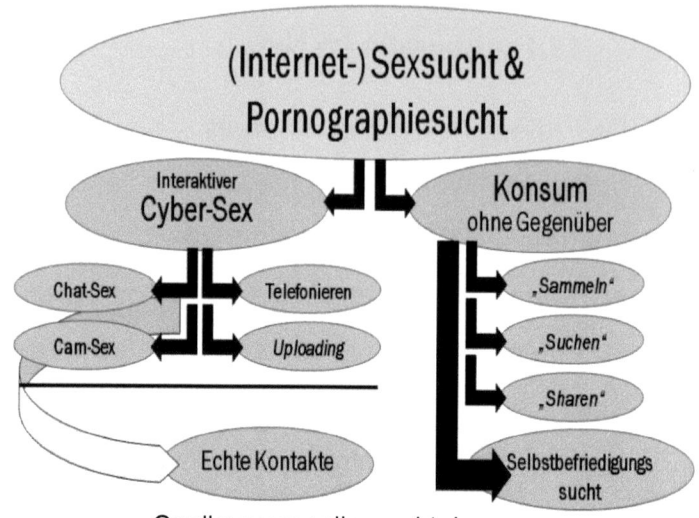

Quelle: www.onlinesucht.de

19.1. Schützen Sie Ihre Kinder

Auf einen Aspekt möchte ich nochmals zurückkommen. Im Grunde sprechen wir von Pornografie in der Familie - und dazu gehören auch Kinder. Studien zufolge surfen mehr als die Hälfte aller Jugendlichen regelmäßig im Netz. Dass sie dabei auch Seiten mit pornografischen Inhalten besuchen, steht außer Frage. Besonders dann, wenn sie es von Papa vorgelebt bekommen. Denn nicht selten lässt sich die

Pornosucht irgendwann nicht mehr geheim halten und die Kinder werden Zeuge von Streitigkeiten und Diskussionen.

Quelle: Rainer Sturm, pixelio

Der Einfluss des Internets auf die Sexualität und Beziehungsfähigkeit Ihrer Kinder sollte nicht unterschätzt werden. Wer selbst nicht mehr von Pornografie loskommt, gefährdet und belastet seine Beziehung. Bevor Sie sich selbst von der Pornosucht befreien, schützen Sie Ihre Kinder. Durch spezielle Kindersicherungen bleibt gewährleistet, dass der Nachwuchs sicher im Internet unterwegs ist. Die Programme erlauben es, Webfilter einzusetzen, welche Seiten mit pornografischen Inhalten sperren. Entsprechende Angebote finden Sie unter: www.safersurfing.eu. Ihre Kinder sollten es Ihnen wert sein!

19.2. Achtung Betrüger

In diesem Zusammenhang möchte ich noch auf einen Punkt hinweisen, der noch nicht Thema dieser Ausführungen war. Tatsache ist, wer regelmäßig Pornoseiten aufruft, erhöht das Risiko, Internet-Betrügern auf den Leim zu gehen. Mehr als 3% aller Pornoseiten im Netz werden laut einer Studie des International Secure System Lab als "gefährlich" betrachtet. Durch die Verbreitung von Viren und Spionageprogrammen werden die Rechner der Nutzer mit schädlichen Programmen infiziert. So werden geheime Daten, wie Passwörter oder Kreditkarten-Daten, an

Dritte übertragen. Vorsicht im Netz, denn etwa 825.000 Porno-Webseiten stellen eine Gefahrenquelle dar.

20. Wege aus der Sucht und hinein in eine intakte Beziehung

Wege aus der Pornosucht sind oft lang und setzen Disziplin und Willensstärke voraus. Am Anfang des Weges aus der Krise steht die Einsicht, von Pornosucht betroffen zu sein und natürlich das Gespräch mit der Partnerin, sofern diese nicht längst im Bilde ist, was nicht selten der Fall ist.

20.1. Wirklich pornosüchtig?

Beginnen wir mit der Frage, ob wirklich eine Sucht vorliegt, schließlich könnte es sich ja auch um ein Hobby, einen Zeitvertreib handeln. Diese Fragen müssen Sie sich mit "ja" beantworten, wenn der Pornokonsum in Ihrem Leben einen enorm hohen Stellenwert besitzt und viele vormals wichtigen Hobbys und Aktivitäten komplett verdrängt hat. Auch wenn Sie es nicht schaffen, Ihr Verhalten zu ändern, obwohl Sie längst wissen, dass Ihr

Pornokonsum überhandnimmt und Sie ihn nicht länger vor Ihrer Frau geheim halten können, brauen Sie dringend Hilfe.

Auch dieser in Ansätzen dem Netzwerk www.sex-sos.net entnommene Fragenkatalog hilft Ihnen dabei, Ihre Sexsucht zu erkennen. Je mehr der nachfolgenden Fragen Sie mit "ja" beantworten, umso naheliegt eine sexuelle Abhängigkeit.

- Haben Sie einschlägige Sex-Magazine abonniert oder kaufen sie regelmäßig?
- Stehen sexuelle Gedanken bei Ihnen im Vordergrund?
- Glauben Sie, dass Ihr sexuelles Verhalten nicht normal ist?
- Fühlen Sie sich schlecht aufgrund Ihrer Sexsucht?
- Wirkt sich Ihr Pornokonsum negativ auf Ihr Familienleben aus?
- Verbergen Sie Ihren Pornokonsum vor

anderen?

- Haben Sie bereits versucht, von Ihrer Sucht loszukommen, es aber nicht geschafft?

- Sehen Sie im Pornokonsum eine Möglichkeit, Problemen im Alltag zu entfliehen?

- Fühlen Sie sich durch Ihren Pornokonsum bestimmt und kontrolliert?

- Empfinden Sie Ihr sexuelles Verlangen als stärker als Sie selbst?

20.2. Eine Lösung muss her

Patentlösungen für schnelle Wege aus der Pornoabhängigkeit können leider nicht angeboten werden. Es war ein langer Weg, der Sie an diesen Punkt geführt hat und es wird seine Zeit brauchen, bis Sie sich als geheilt ansehen können und in ein normales Eheleben zurückfinden, immer vorausgesetzt, die Partnerin oder der Partner gehen den Weg mit und stehen zu

Ihnen. Für die Frau gibt es eigentlich nur drei ganz klar definierte Lösungsansätze, begründet in der jeweiligen Mentalität zum einen und der Intensität der Gefühle für den Partner zum Anderen.

1. Der Mann unterlässt seinen Pornokonsum gänzlich.
2. Frau akzeptiert und toleriert das Tun ihres Mannes
3. Die Beziehung hat keine Chance mehr.

20.3. Pornosucht ist kein Spaß

Dies hat auch Mann längst mitbekommen, wenn er an dieser Stelle angekommen ist und nach Wegen sucht, der Sucht zu entkommen. Wir wollen nicht vergessen, dass nicht nur die Partnerin leidet, sondern auch der Betroffene selbst früher oder später an einen Punkt tiefer Verzweiflung und Ratlosigkeit gerät. Dann hat er sich meist wochen- oder gar monatelang die Nächte heimlich vor dem Computer um die Ohren geschlagen und hat seine Frau belogen und Nachtschichten oder Dienstreisen vorgeschoben, wo gar keine waren. Doch von heute auf morgen wird es nicht möglich sein, von einer Sucht loszukommen. Es geht nur in kleinen Schritten voran. Es geht nicht nur um das Herunterfahren des Computers, sondern auch um Fragen der Selbstfindung und Sinnsuche, denn jeder Pornoabhängigkeit liegt eine Ursache zugrunde. Wenn die Frau es schafft, den Partner durch diese Zeit zu begleiten und ihn dabei zu unterstützen, häufig sein Leben nochmals komplett umzukrempeln, dann hat die Beziehung eine Chance.

20.4. Miteinander reden

Ganz wichtig für beide Partner ist die offene und ehrliche Kommunikation. Wenn es beide Partner nicht mehr schaffen, aufeinander zuzugehen und Probleme sachlich und vorurteilsfrei anzusprechen, dann sehe ich für diese Beziehung in Anbetracht dieses vielschichtigen Konfliktes nur wenig Chancen, zu überleben.

Quelle: geralt, pixelio

Sprechen Sie miteinander, formulieren Sie Ihre Ängste und Zweifel im Hinblick auf die Sucht und signalisieren Sie Ihre Bereitschaft, den Pornokonsum aufzugeben. Der Partner sollte nicht mit Vorwürfen, sondern mit verständnisvollem Zuhören reagieren. So lässt sich gemeinsam definieren, wie die Zukunft aussehen soll und wie man als Paar zu einer gesunden und erfüllten Sexualität zurückfindet.

20.5. Computer ade

Dies wäre die einfachste Lösung. Doch leider ist ein so komplexes Problem nicht so schnell vom Tisch zu kehren. Der Computer ist heutzutage nicht ohne Konsequenzen komplett vom Netz zu trennen. Es müssen also Wege gefunden werden, auch weiterhin online bleiben zu können, denn schließlich dürfen Job oder Studium nicht darunter leiden, dass man den Computer komplett aus seinem Umfeld verbannt hat. Holen Sie Ihren Computer aus dem Versteck, wo Sie ihn deponiert haben, um unbeobachtet Pornos zu konsumieren. Machen Sie den Computer wieder zugänglich für alle. Hilfreich ist ein Internetfilter. Diese gibt es in den unterschiedlichsten Arten und Umfängen. So lassen sich bestimmte Seiten sperren und die Online-Zeit begrenzen.

Bevor der Computer wieder allgemein zugänglich gemacht wird, versäumen Sie nicht, auf dem Rechner abgespeicherte Fotos oder Filme zu löschen.

20.6. Halt! Umdenken!

Überdenken Sie Ihr Verhalten in den letzten Wochen und Monaten, dann werden Sie auf viele Rituale stoßen, welche Sie peinlich pflegten und die es Ihnen erst ermöglichten, sich regelmäßig in das Internet zu flüchten, ohne aufzufliegen. Diesen Teufelskreis aus anerzogenen Zwängen gilt es nun zu durchbrechen. Stoppen Sie Ihr Gedankenkarussell am Tage durch sportliche Betätigung, das Treffen mit Freunden oder dem Lesen eines guten Buches, es darf ruhig auch erotische Literatur sein, denn keiner verlangt von Ihnen nun die völlige Keuschheit oder den Einzug ins Kloster. Sie sollen lediglich zu einem normalen Sexualverhalten zurückfinden.

Quelle: Franzfair Agentur und Verlag, pixelio

Am Abend bitte keine Ausreden mehr. Verbringen Sie die Zeit mit Ihrer Partnerin und gehen Sie zur selben Zeit schlafen. Diesen Ritus zu durchbrechen, wird vielleicht einige Anstrengungen und Überwindung kosten, hilft Ihnen jedoch, Schritt für Schritt von Ihrer Sucht lassen zu können. Sie können sich nur schwer entspannen? Dann helfen Autogenes Training, Yoga oder einfach ein Spaziergang mit der Partnerin.

Sie leben in einer Beziehung und sind nicht allein, auch nicht in schwierigen Situationen. Dies ist ein Geschenk - lernen Sie es anzunehmen und dankbar in Ehren zu halten.

20.7. Erste Hilfe bei Pornosucht

Sie möchten es allein schaffen? Dann machen Sie sich auf einen langen Weg gefasst. Wer wirklich pornosüchtig ist, der sollte sich von der Illusion befreien, mit einem Schlag komplett ohne Pornografie auskommen zu können. Vergessen Sie nicht, die Pornos sind zu Ihrem Lebensinhalt geworden. Wenn Sie sich dessen komplett berauben, werden Frust und Wut und Depression die Folge sein. Konsequente Heilung sieht anders aus. Setzen Sie sich daher realistische Ziele. Schauen Sie zum Beispiel jede Woche eine Stunde weniger Pornos. Dann schaffen Sie den sanften Entzug.

20.8. Warum?

Auch wenn es Ihnen nicht bewusst ist, es gibt eine oder auch verschiedene Ursachen für Ihren zur Sucht gewordenen Pornokonsum. Folgende Übersicht soll Ihnen dabei helfen, Probleme zu erkennen und Prioritäten zu setzen. Verteilen Sie nachfolgend die Noten eins bis zehn und finden Sie heraus, in welchem Bereich es für Sie etwas zu klären und zu verarbeiten gibt. Möglicherweise liegt hier auch der Schlüssel für Ihre Pornoabhängigkeit und für die damit verbundene Vernachlässigung Ihrer Beziehung.

	1	2	3	4	5	6	7	8	9	10
Beruf und Berufung										
Familie und Eltern										
Partnerschaft und Sexualität										
Geld und Besitz										
Freizeit und Hobby										
Freundschaften und Beziehungen										
Persönliches Wachstum										
Körper und Gesundheit										
Pro Existenz- Für andere da sein										
Selbstbewusstsein										
Spiritualität und geisliches Leben										

1 = unwichtig und geklärt; 10 = sehr wichtig und ein Problem

Quelle: Weißes Kreuz e.V.

Wir haben bereits darüber gesprochen, dass es wichtig ist, bestimmte Rituale zu erkennen und zu stoppen. Führen Sie diese Arbeit besonders intensiv durch, dann kann sie bis zur Selbsterkenntnis führen. Sie werden hinter den bestimmten Tageszeiten oder Situationen den Auslöser für das Suchtverhalten erkennen. Dies können Frustgefühle, Stresssituationen, Langeweile oder ganz private Dinge sein. So schaut Ihre

Frau zum Beispiel jeden Tag ihre Lieblingsserie oder telefoniert wieder einmal Stunden mit ihrer Freundin und dann verlangt auch noch der Nachwuchs Ihre Aufmerksamkeit. Da kommt Mann nur schwer zum Zuge und wenn sich dann am Abend Gelegenheit bietet, dann hat Frau Kopfschmerzen und flüchtet ins Schlafzimmer. Viele Männer haben sich den Ehealltag anders vorgestellt und mit dem Pornokonsum nun ein Ventil gefunden, um sich Luft zu machen. Allerdings hat sich die Sucht dann eher als heiße Luft erwiesen. Rücken Sie Ihre Beziehungsarbeit in den Vordergrund. Hierfür werden Sie Ihre ganze Energie und auch die Unterstützung Ihrer Partnerin benötigen.

20.9. Professionelle Hilfe - Hilfe!

Sie schaffen es nicht allein, von der Pornoabhängigkeit loszukommen? Quälen Sie sich jetzt nicht mit Vorwürfen oder

Selbstzweifeln. Nur die wenigsten Betroffenen besiegen ihre Sucht ganz allein Denken Sie an all die Alkohol- und Drogenabhängigen, welche sich in Therapie begeben und in Beratungsstellen und Selbsthilfegruppen mit Beratern und Betroffenen oft viele Jahre an der Lösung ihres Problems arbeiten.

Quelle: hofschlaeger, pixelio

Auch wenn Ihnen diese Tatsache momentan nur ein geringer Trost ist, auch diese Menschen sind über ihren Schatten gesprungen und haben das einzig Richtige getan, um sich selbst und ihre Beziehungen

123

zu retten.

20.10. Wie findet man einen guten Therapeuten

Wenn Sie einen Schnupfen haben, dann gehen Sie zum Arzt, und zwar ohne dessen Kompetenzen großartig zu hinterfragen. Sie benötigen lediglich ein Medikament und spazieren nach wenigen Minuten wieder aus dem Sprechzimmer. An einen Suchttherapeuten werden weit höhere Anforderungen gestellt. Zunächst gibt es eine ganze Reihe an Psychotherapeuten. Allerdings längst nicht flächendeckend. Psychische Probleme belasten heute beinahe jeden Bundesbürger und die Wartezeiten sind häufig lang. Um einen wirklich guten Therapeuten zu finden, sollten Sie sich gezielt auf die Suche machen. Nicht alle Psychotherapeuten besitzen eine spezielle Ausbildung oder gar Erfahrung mit Sexsucht-Patienten. Um sich hier für den passenden Therapeuten zu entscheiden, hilft Ihnen nun das Internet in positiver Form weiter. Sie können sich in einschlägigen Foren mit anderen Betroffenen austauschen und Adressen von Therapeuten finden. Eine hilfreiche Adresse ist zum Beispiel www.suchthilfe-forum.de. Wer unter www.psychotherapiesuche.de ein Problem kurz schriftlich schildert, bekommt per Mail geeignete Adressen von Psychotherapeuten zugesandt.

20.11. Wie erfolgt eine Therapie gegen Pornoabhängigkeit?

Zunächst werden Sie Ihre Problematik und wie es dazu kam dem Therapeuten schildern müssen. Je nach Therapieansatz wird dieser Ihnen dabei gezielte Fragen stellen oder Sie dürfen frei sprechen und er fungiert hauptsächlich als Zuhörer. Ein guter Therapeut wird Ihnen den Stress und die buchstäblichen Entzugserscheinungen ersparen und nicht in der ersten Therapiestunde von einer vollständigen Pornoabstinenz sprechen. Es geht in der Therapie anfangs um genau die vorab behandelten Punkte, nämlich um das Enttarnen von Lebenslügen, um das Erkennen von Ritualen und im die schrittweise Trennung von der Pornografie.

Quelle: geralt, pixelio

Viele Einrichtungen bieten Gruppentherapien an. Dort fällt es vielen Betroffenen leichter, sich zu öffnen und sie fühlen sich verstanden und ernst genommen. Hat es eine

Beziehung bis an diesen Punkt geschafft, weiter zu bestehen, dann ist davon auszugehen, dass sich die Partnerin auch zu einer Paartherapie bereit erklärt. Hier lernen beide Partner nicht nur mit dem Problem Pornoabhängigkeit offen umzugehen, sondern auch Streitigkeiten konstruktiv zu lösen und Liebe und Zuneigung wieder neu zu erleben.

20.12. Online aus der Sucht

Dies mag für den ersten Moment paradox erscheinen. Doch in der Tat ist es seit kurzer Zeit möglich, auch eine Online-Therapie gegen Pornosucht durchzuführen. Daher möchte ich es an dieser Stelle nicht unerwähnt lassen und all jenen ans Herz legen, die es nicht aus eigenen Stücken geschafft haben und auch den Gang zum Therapeuten scheuen. Das "Lavario-Programm" wurde von Therapeuten und ehemals Süchtigen entwickelt. Der

Betroffene lädt sich das Programm unter www.lavario.de herunter und bleibt anonym. Innerhalb von zwei Monaten lernt er, sich Schritt für Schritt von seiner Sucht zu lösen. Dabei werden auch hilfreiche Tipps für den Umgang mit der Sucht in der Partnerschaft gegeben. Also, verzagen Sie nicht, denn wie Sie sehen, gibt es immer einen Weg, man muss nur beginnen, loszulaufen.

21. Statistiken, Zahlen und Studien

Da ich in den vergangenen Kapiteln bereits vermehrt Studien und Statistiken angeführt und auch mit Zahlen gearbeitet habe, möchte ich mich hier auf einige wenige Ausführungen beschränken.

21.1. *Sex und kein Ende*

Sex hat einen hohen Stellenwert in unserem Leben und auch mit Recht, denn schließlich macht er doch jede Beziehung erst zu dem, was sie ist, nämlich viel mehr als Freundschaft - das innige Zusammensein zweier Menschen. Doch nicht nur im wirklichen Leben dreht sich (fast) alles um Sex, auch die virtuelle Welt wird geradezu überflutet mit diesem Begriff. Das Marktforschungsinstitut Alexa Research hat herausgefunden, dass nicht "Gesundheit", "Auto" oder "Wetter" die häufigsten bei Google eingegeben Begriffe darstellen, sondern, dreimal dürfen Sie raten, richtig "Sex". Vom boomenden Sexgeschäft haben wir auch bereits gesprochen, bleibt noch zu erwähnen, dass der Umsatz sich in Höhen bewegt, an die Microsoft, Yahoo, Ebay und Amazon nicht einmal gemeinsam heranreichen. Genau in dieser Sekunde fließen mehr als 3.000 US-Dollar in die Pornoindustrie und 28.000 Menschen betrachten sich im Netz pornografische Inhalte.

21.2. Gedanken über Pornografie

Die folgenden Daten stützen sich auf eine Studie des Kinsey Instituts. Dabei wurden 10.453 Teilnehmern Fragen zum Thema Pornografie gestellt. Die Probanden waren zu 80% Männer.

Befragt nach den Gedanken über Pornografie antworteten die Teilnehmer wie folgt:

- Pornografie kann Menschen erziehen
(86%)
- Pornografie kann helfen, Wünsche und
Fantasien auszuleben (72%)
- Pornografie kann die eigene Haltung
gegenüber Sex verändern (68%)
- Pornografie kann Beziehungen verbessern
(55%)
- Pornografie ist anstößig und abwertend
(49%)

Die nächste Frage bezog sich auf die
Gründe für die Nutzung pornografischer
Inhalte:

- Pornografie dient der körperlichen
Entspannung (72%)
- Pornografie steigert die sexuelle Erregung
(69%)
- Pornografie macht mich neugierig (54%)
- Pornografie lässt mich meine Fantasien
ausleben (43%)

- Pornografie lenkt mich ab (38%)

Ebenso wurden die Teilnehmer nach ihren Gefühlen beim Pornokonsum befragt:

- Ich fühle mich gut dabei (80%)
- Ich fühle mich schlecht (30%)
- Ich fühle mich gut, aber mein Partner mag es nicht (19%)
- Ich fühle mich schlecht danach (16%)
- Ich möchte damit aufhören, aber es geht nicht (9%)

Abschließend noch einige Zahlen, die ich Ihnen nicht vorenthalten möchte. Ganze 12% aller Seiten im Netz besitzen pornografische Inhalte. Pro Tag werden 2,5 Billionen Mails mit pornografischen Inhalten versendet. Ein Viertel aller Suchanfragen im Netz betrifft Sex und Pornografie. "Porn", "Sex" oder "Adult Dating" lauten die beliebtesten Suchanfragen im Internet und leider beziehen sich täglich beinahe 120.000

Suchanfragen auf Kinderpornografie.

22. Adressen für Paare, Partner und Pornosüchtige

Anonyme Sex- und Liebessüchtige (SLAA)
65003 Wiesbaden
Tel.: 0700-7522-7522

Anonyme Sexaholiker (AS)
76002 Karlsruhe
Tel.: 0175-7925113

Weißes Kreuz e.V.
34292 Ahnatal/Kassel
Tel.: 05609-8399-0

Wuestenstrom e.V.
71732 Tamm
Tel.: 07141-6889670

TEAM F.
58511 Lüdenscheid
Tel.: 02351 - 816 86

Hilfe für Paare und Angehörige

S-ANON Deutschland 28085 Bremen
Tel.: 0175-68400100

S-ANON Österreich 3500 Krems
Tel.: 0175-6840010

S-ANON Schweiz Postfach 863
CH-8501 Frauenfeld

www.onlinesucht.de
www.nacktetatsachen.at
www.loveismore.de
www.team-f.de

Mögliche Internetfilter zum Sperren pornografischer Inhalte:

www.internetsafety.com
www.x3watch.com
www.thefilternet.com
www.wintimer-kindersicherung.info

23. Nachwort

In den vergangenen Kapiteln wurden viele Fragen rund um Pornografie und mögliche Auswirkungen auf die Partnerschaft behandelt und zu beantworten versucht. Auch wenn ich versucht habe, viel mit Zahlen und Fakten zu arbeiten, können letztlich nur allgemeine Aussagen getroffen werden.

Der Begriff Pornografie zerfällt im Spiegel der Leser in unzählige Splitter und Facetten. Jeder legt andere Grenzen fest und lebt eine andere Sexualität. Dabei ist von Außenstehenden nichts klar zu definieren, erlaubt ist ganz klar, was gefällt. Was wäre eine Beziehung ohne Sex und Erotik? Bestenfalls eine Freundschaft. Pornografie ist in jeder Beziehung in irgendeiner Form vorhanden. Paare und Pornografie müssen keinen Streitpunkt darstellen. Es lassen sich, wie so oft im Leben, auch hier Kompromisse und Wege aufeinander zu finden. Wie wir auch erfahren haben, müssen sich Pornografie und Anspruch nicht zwangsläufig ausschließen. Es gibt auf der Leinwand und in der Literatur einige gute Beispiele dafür. So lässt sich Pornografie in die Partnerschaft integrieren und hilft Paaren, die oft verloren gegangene Lust am Sex wieder neu zu entdecken.

Große Teile dieses Buches richten sich an

all jene, denen der Umgang mit Pornografie entglitten ist und deren Beziehungen nun auf dem Prüfstand stehen. Ich wünsche Ihnen viel Kraft und Mut auf dem Weg zurück in eine erfüllte Partnerschaft, hoffentlich mit einem verständnisvollen Partner - und vielleicht mit diesem Buch an Ihrer Seite.

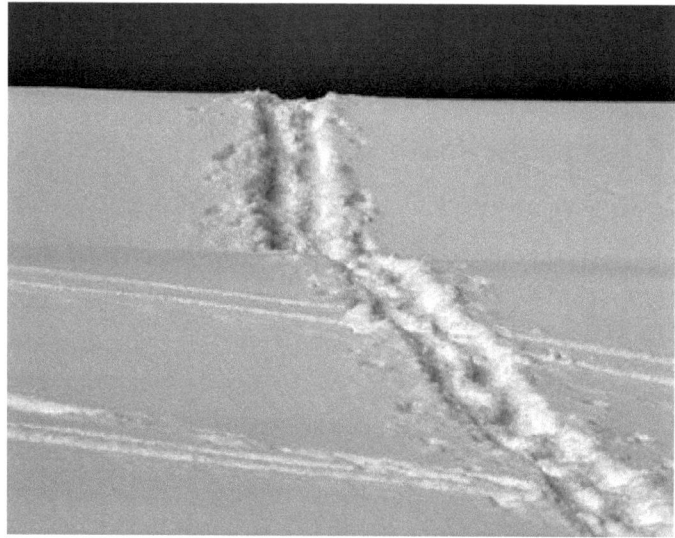

Quelle: wolfangteuber, pixelio